JN024349

OXYMORON

オクシモロン

の
あまいもの

何度でも食べたくなる、飾らない味

はじめに

「ちょっと甘いものでも食べない?」
食後には甘いもので締めくくりたくなる私たち。
おうちにお友達を誘うときや、ひと息つきたいとき、
どんなときでも、避けては通れない、甘いもの。
オクシモロンを始めるとき、カレーだけではなく、
ここへ来たら食べたいと思えるような
おいしい甘いものがあればどんなにいいだろう、と考えて、
お店に合うお菓子について考えました。
祖母がつくってくれた蒸し器でつくる背の高いプリン、
町のお菓子屋さんに並んでいたレモンの形をしたレモンケーキ、
少し背伸びをして入った喫茶店で食べたほろ苦いコーヒーゼリー……。
オクシモロンの「あまいもの」は、
そんな懐かしさのあるものを、素朴さも残しつつ丁寧に、
そして"今"のアレンジも加えてつくることから始まりました。
見た目は潔くシンプルだけれど、ひと口食べると少しの驚きのあるものを。
時にはカレーからの流れを受け止めるように
スパイスを忍ばせたり、時代を逆行する食感だったり。
わかりやすそうに見えて実はフフフ、そうきたわね、と思わせるような、
そんな愉しみを添えて提供したいと思っています。

この本には、オクシモロンのレシピを包み隠さず記しました。
お店で食べた味を、材料を変えたり、形を変えたりしてアレンジしていただき、
好みのものを見つけてもらえたら嬉しいです。
レシピに書いてある材料が揃わなくても、ちょっと違う仕上がりになったとしても、
その過程を楽しみ、思わず顔がほころぶような甘いものをつくっていただけますように。

ディレクター　村上愛子

パティシエ　大島小都美

OXYMORON
OPEN 11 00 18 00 L.O 17.30
CLOSED WEDNESDAY
◀ ENTER

CONTENTS

第2章
季節ごとに
食べたくなる
とっておきのお菓子

第3章
大切な人と過ごす時間に。
華やかなお菓子と
飲みもの

レシピの決まり
● レシピ内の大さじ1は15mℓ、小さじ1は5mℓです。
● 塩の分量で、ひとつまみは親指、人さし指、中指の3本の指先でつまんだ量です。少々は親指と人さし指の2本の指先でつまんだ量です。
● オーブンはガスオーブンを使用しています。機種や熱源によって焼き時間に違いがでるので、様子を見ながら加減してください。

主に使用している材料

本書に使用している材料の一部を紹介します。手に入るもの、お好みのもので大丈夫です。

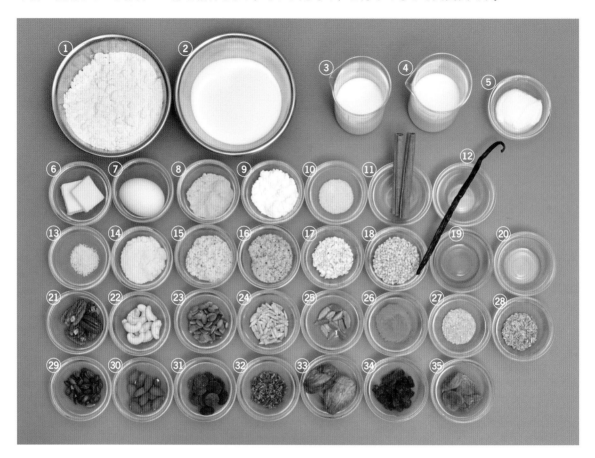

1 薄力粉

焼き菓子のベースになります。ご家庭では、「お菓子用」と明記されたものを選ぶとよいでしょう。

2 微粒グラニュー糖

製菓用の粒子の細かいものを使用しています。

3・4 牛乳・生クリーム

生クリームは、レシピによって乳脂肪分42%と35%を使用。指定のないものは35%以上の好みのものでかまいません。

5 無糖ヨーグルト

お好みのもので OK です。水切りして使用する場合も。

6 バター

主に無塩タイプを使用。レモンクッキー、サブレ、ショートブレッドには発酵バターを使用しています。

7 卵

Mサイズ（殻をのぞいて約50g）を使用。

8・9 きび砂糖・粉糖

グラニュー糖以外によく使う砂糖です。レモンケーキやモルダウのグラスには純粉糖を使用します。

10 ゼラチン

粉ゼラチンを使用。

11・12 シナモンスティック・バニラビーンズ

プリンなどカスタードのお菓子に使います。

13 塩

フランス産ゲランドの塩を使用。甘みを引き立てます。

14〜16 パウダー類

左からアーモンドパウダー、アーモンドパウダー（皮付き）、ヘーゼルナッツパウダー。

17・18 オートミール・緑米

ともにクッキーに使用。緑米は玄米で代用可。

19・20 ラム酒・コアントロー

お菓子の風味付けに使う代表的な洋酒です。

21〜24・29〜30 ナッツ類

左からピーカンナッツ、カシューナッツ、かぼちゃの種、ひまわりの種。左からピスタチオ、アーモンド。

25〜26・28 スパイス類

左からカルダモン、シナモンパウダー、フェンネルシード。

27 陳皮（ちんぴ）

みかんの皮を干して粉状にしたもの。みかんラッシーで使用。

31・32 製菓用チョコレート・カカオニブ

チョコレート系のお菓子に使用。

33〜35 ドライフルーツ類

左からイチジク、サルタナレーズン、ドライアプリコット。

主に使用している道具

本書のお菓子作りに主に使用している道具と型です。ご家庭にあるもので代用してもOKです。

1 ボウル
生地を混ぜ合わせたり、生クリームをホイップしたりするときに使用。深いタイプがおすすめです。大きさ違いでそろえておくと便利。

2 粉ふるい
薄力粉や砂糖など粉類をふるうときに使用する網です。粉糖など少量をふるうときは茶こしでも代用可。

3 デジタルスケール
1g単位で計れるものがおすすめです。

4 絞り袋と丸口金
仕上げにホイップクリームを絞るのはもちろん、栗のガトーバスク(P.90)の組み立てにも使います。

5 計量スプーン
砂糖や洋酒など少ない分量を計るときに使用。大さじ1(15㎖)と小さじ1(5㎖)など。

6〜8 型類
パウンド型、丸型、プリン型など。つくりたいお菓子に合

わせてそろえましょう。

9 ゴムベラ
生地を混ぜたり、きれいにすくい取ったりするときに使用します。耐熱温度の高いシリコン製で、大小あると便利。

10 パレットナイフ
クリーム状のものを平らにきれいに塗りたいときに。大きめのスプーンの背でも代用できます。

11 ホイッパー(泡立て器)
バターや卵、クリームなどに空気をたっぷり含ませたいときに使用します。ハンドミキサーやフードプロセッサーなどがあると、泡立て時間が短くて済み、作業が楽になります。

12 ゼスター(削り器)
本書ではレモンの皮をすりおろすときに使用しています。

13 定規
アイスボックスクッキーの長さを計ったり、ガトーバスクの模様をまっすぐに付けたりするときに使用。

オクシモロンのこと

2008年10月、鎌倉の小町通りのはずれで オクシモロンはカレー店としてスタートしました。
賑やかな通りから少し奥まった2階にあるこの場所は、どこにでもあるようなサッシの窓や白い壁で
とりたてて特別なしつらえではないけれど、空が大きく見えてゆっくりとした時間が流れる、
日常から少しだけ離れることができる距離感が心地のよい、特別ではない、特別な場所。
わたしたちが提供するものも、そんな場所にふさわしいものにしたいと思い、考えてきました。
食事、甘いもの、お茶、風景、音楽、人、すべてのものでつくられる雰囲気を大切に……。
開店当初のオクシモロンは閑静な店内でしたが、
今ではたくさんのお客様にご利用いただけるようになりました。

オクシモロンにはターゲット層というものがありません。
年齢や性別問わずにそれぞれに楽しんでいただけるような、おおらかなお店でありたいと思っています。
訪れた方の記憶の片隅においていただける場所になれたら嬉しいです。
そして、お店を訪れたときの空気感は変わらぬまま、ほんの少しずつ、進化していけたらいいなと思います。

大切なものを守りながら、この場所に長く在り続けることができますように。

コマチ（本店）
神奈川県鎌倉市雪ノ下1-5-38
こもれび禄岸2F

オナリ
神奈川県鎌倉市御成町14-1
御成ビル1F

二子玉川
東京都世田谷区玉川3-17-1
玉川高島屋S・C南館4F

北浜
大阪府大阪市中央区北浜1-1-22

第 1 章

気軽につくれる
オクシモロンで
人気のお菓子

カスタードプリン

オクシモロン開店前に、どんな「あまいもの」メニューを出すか
スタッフ同士が話し合ったときに、一番に挙がったのがこのプリンです。
あえて、昔ながらのかためのものにしようと、全員の意見が一致。
全卵と牛乳の素直な味わいをいかした、ほどよい甘さにし、
カラメルは少し苦めにして、
大人っぽいビターな要素をプラスしました。
目指したのは、ひと口食べたときに
「なんだか昔の喫茶店で食べたような懐かしい味」と
思っていただけるもの。
開店当初から現在に至るまで、オクシモロンの
「あまいもの」を代表するメニューです。

カスタードプリン

材料 | 底径5cm×高さ6cm（110cc）のプリンカップ
6個分

カラメル
グラニュー糖 ･･････････････････････ 65g
湯 ･･････････････････････ 大さじ1強

プリン液
卵 ･････････････････････････････ 6個
グラニュー糖 ･･････････････････････ 80g
牛乳 ･･･････････････････････････ 500g
バニラのさや ･･･････････････････ ½本

下準備

・ オーブンを140℃に予熱する。

4 勢いよく入れるとカラメルが
跳ねる場合があるため、ヘラ
につたわせながら湯を入れ混
ぜる。

5 4を素早く型の底に流し入れ
る。

6 バニラのさやの片側に切り込
みを入れ、種を取り出す。さ
やは取っておく。

コツ バニラを広げ、包丁の刃先を
すべらせるようにして種をこ
そげ取る。

10 卵とグラニュー糖がすべて入
ったら、ホイッパーの先をボ
ウルの底にあてながら静かに
混ぜ合わせる。

コツ 泡立てないように、卵のこし
をワイヤーを通して切るよう
に混ぜる。

11 鍋に牛乳とバニラのさやを入
れ、火にかけ50℃前後まで温
める。

12 温めた牛乳を静かに10に注
ぎながら混ぜ合わせる。

コツ 始めのほうは少しずつ注ぎな
がら混ぜていくとムラになら
ない。

作り方

見本の色

1 カラメル用のグラニュー糖を鍋に入れて火にかける。

2 グラニュー糖が茶色く色づき始めたら鍋をゆすり、ヘラで混ぜながら均一なカラメル色になるまで待つ。

3 鍋からたくさんの煙がでてきて、見本の色に近づいたら火からおろす。

7 プリン液用のグラニュー糖と**6**をボウルに入れ、手ですり合わせるようにして混ぜ合わせる。

8 均一に混ざった状態。

9 別のボウルに卵を1個ずつ割り入れ、その都度グラニュー糖も6回に分けて入れ、すり合わせる。

13 **12**のプリン液を2回、網でこす。

14 **5**のカラメルが入った型にプリン液を均等に流し入れる。

コツ 勢いよく入れるとスが立ちやすい。ゆっくり静かに注ぐ。

15 深めのバットの底に布巾を敷き、**14**を並べる。40℃くらいのぬるま湯を型の7〜8分目の高さまで注ぎ、140℃のオーブンで45分焼く。

コツ 表面を触ったときに、押し返してくるような弾力が感じられれば焼き上がり。

安納芋のプリン

安納芋は、電子レンジで加熱するよりも、
蒸すか、オーブンで焼いたほうが
ねっとりとした舌触りと甘さが得られて、
おいしさがアップします。
繊維が多いので、
裏ごしするひと手間が大切です。

材料 | 底径4cm×高さ5.5cm（110cc）の
プリンカップ 5個分

カラメル

グラニュー糖 ……………………… 65g

A ┌ 湯 …………………………… 大さじ1
　└ シナモンパウダー ……… ひとつまみ

プリン液

B ┌ 安納芋ペースト ……………… 150g
　└ グラニュー糖 ………………… 50g

牛乳 ………………………………… 150g

生クリーム（乳脂肪分42%）………… 100g

卵 …………………………………… 2個

チャットマサラ※ …………………… 適宜

※ インドで揚げものやサラダなどにかけて使われる、
アムチュール（未成熟マンゴーの粉）やスパイスを使
ったさわやかなミックススパイス。

下準備

・オーブンを150℃に予熱する。

・安納芋を蒸して裏ごしし、ペースト状に
する。オーブンを使用する場合はアルミ
ホイルで安納芋を包み、焼き芋にしてか
ら裏ごしする。

カラメルの作り方 | → P.14〜15 **1〜5**参照

1 鍋にグラニュー糖を入れて火にかける。グラニュー糖
が茶色く色づき始めたら鍋をゆすりながら均一なカラ
メル色になるまで待つ。

2 鍋から煙がでてきたら火からおろして**A**を入れる。

3 型の底に素早く流し入れて固める。

プリン液の作り方

1 ボウルに**B**を入れてホイッパーで混ぜ合わせる。

2 鍋に牛乳を入れて火にかけ、沸騰直前まで温めたら、
火からおろして生クリームを注ぎ入れ、混ぜる。

3 **1**に卵を1個ずつ割り入れて、その都度なめらかになる
まで混ぜ合わせる。

4 **3**に**2**を加えながら混ぜ合わせる。

5 **4**のプリン液を2回、網でこす。

6 カラメルが入った型に**5**のプリン液を流し入れる。

7 深めのバットの底に布巾を敷き、**6**を並べる。40℃く
らいのぬるま湯を型の7〜8分目の高さまで注ぎ、150
℃のオーブンで40分焼く。表面を触って弾力が感じら
れれば焼き上がり。

8 あれば仕上げにチャットマサラをふりかける。

かぼちゃのプリン

水分量の多いかぼちゃを使うとプリン液が分離してしまうなど、
かぼちゃによって仕上がりや味に違いがでることも。
ご家庭では市販の無糖ペーストを使うのも
手軽でおすすめです。

| 材料 | 16cm×7cm×高さ5.5cmのパウンド型
1台分 |

カラメル

グラニュー糖	75g

A	湯	20g
	シナモンパウダー	小さじ¼

プリン液

B	かぼちゃペースト	120g
	きび砂糖	30g

C	グラニュー糖	24g
	牛乳	140g

生クリーム (乳脂肪分42%)	50g
卵	2個

下準備

・ オーブンを150℃に予熱する。
・ かぼちゃは蒸して裏ごしし、ペースト状
  にする。

| カラメルの作り方 | → P.16 （P.14〜15 1〜5参照） |

プリン液の作り方

1 ボウルに **B** を入れ、ホイッパーで混ぜ合わせる。
2 鍋に **C** を入れ火にかけ、沸騰直前まで温めたら火から
  おろして生クリームを注ぎ入れ、混ぜる。
3 **1** に卵を1個ずつ割り入れて、その都度なめらかにな
  るまで混ぜ合わせる。
4 **3** に **2** を加えながら混ぜ合わせる。
5 **4** のプリン液を2回、網でこす。
6 カラメルが入った型に **5** のプリン液を流し入れる。
7 深めのバットの底に布巾を敷き、**6** を置く。40℃くら
  いのぬるま湯を型の7〜8分目の高さまで注ぎ、150℃
  のオーブンで40分焼く。表面を触って弾力が感じら
  れれば焼き上がり。

コーヒーとくるみの
パウンドケーキ

スタッフに人気だったメニューを
つくりやすくアレンジしたパウンドケーキです。
練乳を使ったミルクコーヒー風味の生地と
くるみのカリカリとした食感がよく合い、
さらにクランブルをたっぷりのせることで、
見た目も味もちょっと贅沢なパウンドケーキになりました。
焼き立てをいただくと、コーヒーの香りが口の中にふわりと広がって
幸せな気分になります。
おいしくつくるコツは、バターをホイップして砂糖を加えていくときに、
空気をしっかり含ませて白っぽくすること、
常温にした全卵を、分離させないように少しずつ加えながら混ぜることです。
パウンドケーキに共通するコツなので、ここをしっかり押さえておくと、
アレンジも自由自在に楽しめるようになります。

コーヒーとくるみのパウンドケーキ

作り方

材料 16cm×7cm×高さ5.5cmのパウンド型 1台分

バター ……………………………………… 60g

グラニュー糖 ……………………………… 30g

卵黄 ………………………………………… 1個分

卵 …………………………………………… 1個

加糖練乳 …………………………………… 40g

A ┌ コーヒーエキス ……………………… 10g
　 │ ※インスタントコーヒーの粉末5gをエスプレッソ、
　 │ 　またはコーヒー（ドリップで入れたもの）10gで溶く。
　 └ コーヒーリキュール ………………… 10g

アーモンドパウダー (皮付き) ………… 50g

B ┌ 薄力粉 ………………………………… 60g
　 └ ベーキングパウダー ………………… 2g

くるみ (生地用) ………………………… 35g

トッピング用

クランブル生地 …………………………… 50g
※焼成前のもの。→ P.80

くるみ ……………………………………… 7g

コーヒー粉 ………………………………… 5g
※エスプレッソ用に細かく挽いたもの。

下準備

・型にオーブンシートを敷く。

・バターと卵を常温に戻す。

・Bを合わせてふるっておく。

・くるみは生地用、トッピング用とともに120℃のオーブンで15分空焼きしてから1/6〜1/8ぐらいの大きさに包丁で刻む。

・オーブンを180℃に予熱する。

1 ボウルにバターを入れ、ホイッパーでふわっと白っぽくなるまで泡立てる。
※ハンドミキサーを使っても可。

5 加糖練乳を加えて混ぜる。

9 ボウルの底から生地をすくうように、また切るようにして混ぜる。練らないのがコツ。

13 トッピング用のクランブル生地、くるみ、コーヒー粉と混ぜ合わせる。

2 グラニュー糖を加えてさらに
泡立てる。

3 卵黄を加えてよく混ぜる。

4 よく溶いた卵を2〜3回に分
けて加え、分離しないように
その都度ホイッパーで混ぜて
なじませる。

6 Aを加えてよく混ぜる。

7 アーモンドパウダーも加えて
さらに混ぜる。

8 Bの2/3量を2〜3回に分けて
加え、その都度ゴムベラで混
ぜる。

10 Bの残り1/3量と刻んだ生地用
のくるみも加え混ぜる。

11 生地にツヤが出てきたら完成。

12 ゴムベラで型に生地を入れる。

コツ 中心部分は膨らむため、スプ
ーンなどでへこませておくと
火が均一に通る。

14 混ぜながら、クランブル生地
を手で細かくする。

15 12に14をのせ、手で軽く押
さえ付ける。

16 180℃のオーブンで30分焼き、
170℃に下げて20分焼く。型
からはずして冷ます。

ピスタチオとクランベリーのパウンドケーキ

クランベリーの赤をポイントに、新緑をイメージしてピスタチオを入れて焼き上げました。
さくらんぼからつくられたキルシュが隠し味。
ホワイトチョコの甘さとカカオニブの苦味のコントラストがオクシモロン風なパウンドケーキです。

材料	24cm×9cm×高さ8cmのパウンド型 1台分

A ┌ バター ………………………………… 180g
  └ グラニュー糖 ………………………… 150g
卵黄 …………………………………………… 2個分
卵 ……………………………………………… 2個
B ┌ アーモンドパウダー (皮無し) … 40g
  └ ピスタチオパウダー ……………… 30g
C ┌ 薄力粉 ………………………………… 140g
  └ ベーキングパウダー ……………… 3g
D ┌ ドライクランベリー ……………… 60g
  │ ホワイトチョコチップ …………… 40g
  │ ピスタチオ ………………………… 30g
  └ カカオニブ …………………………… 10g
キルシュ …………………………………… 20g

作り方

1 ボウルにAを入れてホイッパーで白っぽくなるまで混ぜ合わせる。

2 卵黄を加えて混ぜる。

3 きれいに混ざったら、溶きほぐした卵を少しずつ加えてさらに混ぜる。

4 Bを加えて混ぜる。

5 Cの2/3を2〜3回に分けて加えてゴムベラで混ぜ合わせる。

6 キルシュ、DとCの残り1/3を順に加えて粉っぽいところがなくなるまでしっかり混ぜ合わせる。

7 型に生地を流し入れて180℃のオーブンで45分焼く。焼き上がったら、型からはずして冷ます。

下準備

・型にオーブンシートを敷く。
・バターと卵を常温に戻す。
・BとCをそれぞれ合わせてふるっておく。
・ドライクランベリーは沸騰した湯にくぐらせておく。
・ピスタチオは包丁で粗めに刻んでおく。
・オーブンを180℃に予熱する。

ピスタチオは包丁で粗く刻む。

クランベリーは熱湯の中に入れて10分弱くらい置く。

ドライフルーツのパウンドケーキ

たっぷりのドライフルーツやナッツと、赤と緑のドレンチェリーを使った、クリスマスにぴったりの
クラシカルなケーキです。市販のドレンチェリーはそのまま使ってもいいのですが、
ひと手間かけることで驚くほどおいしくなります。

材料	24cm×9cm×高さ9cmのパウンド型 1台分
A ┌ バター	150g
└ グラニュー糖 A	90g
卵黄	3個分
生クリーム	30g
B ┌ 卵白	3個分
└ グラニュー糖 B	70g
C ┌ 薄力粉	180g
│ 強力粉	40g
└ ベーキングパウダー	3g
ラム酒	大さじ1
D ┌ サルタナレーズン	100g
│ ドライ洋梨	50g
│ ドライイチジク	50g
└ ピーカンナッツ	50g
ドレンチェリー (赤・緑)	各7個

下準備

・型にオーブンシートを敷く。
・バターと生クリーム、卵は常温に戻す。
・**C**を合わせてふるっておく。
・ピーカンナッツは120℃のオーブンで空
　焼きし、適当な大きさに砕いておく。
・ドレンチェリーは縦半分にカットしてお
　く。下処理は右下参照。
・オーブンを170℃に予熱する。

作り方

1 ボウルに**A**を入れてホイッパーで白っぽくふわっ
となるまで混ぜ合わせ、さらに卵黄を1個ずつ加
えてその都度ホイッパーで混ぜ合わせる。

2 生クリームを少しずつ加えてさらに混ぜ合わせる。

3 別のボウルに**B**を入れてしっかりとツノが立つメ
レンゲをつくる。

4 **2**に**3**の$\frac{1}{3}$を加えてホイッパーでぐるぐるとなじ
ませたら、ゴムベラに持ち替え、**C**の$\frac{1}{3}$を加えて
ボウルの底からすくうように混ぜ合わせる。

5 **3**の$\frac{1}{3}$、**C**の$\frac{1}{3}$、**3**の$\frac{1}{3}$を順に加えてその都度
混ぜる。残った**C**の$\frac{1}{3}$は残しておく。ラム酒を加
えて混ぜ合わせる。

6 **5**で残った**C**の$\frac{1}{3}$と**D**を合わせて加え、さらにボ
ウルの底からざっくりと混ぜ合わせる。粉っぽい
ところがなくなり、生地の全体にツヤがでたら型
に生地の半量を流し入れてスプーンで表面を大ま
かにならす。

7 ドレンチェリーを赤、緑と交互に並べ、残りの生
地を入れる。中央にスプーンでくぼみを付ける。

8 170℃のオーブンで55分焼く。焼き上がったら、
型からはずして冷ます。

ドレンチェリーの下処理

ドライフルーツはさっと湯に浸して水気を
切り、大きいものは2cm程の大きさに切る。

ドレンチェリーは、水でまわりの砂糖を洗
い流す。

水2：砂糖1、コアントロー大さじ1（すべ
て材料外）の中に、2日以上漬け込む。

チーズケーキ

オクシモロンの開店当初からのラインアップメニューで、
何度かレシピをアレンジして現在に至っています。
単調な味にならないように、
サワークリームやヨーグルトの酸味をプラスして、
印象に残る味にまとめました。
「昔ながらの喫茶店」にある、コーヒーの味に負けない
力強いチーズケーキです。
土台に使ったクッキー生地の、
ココアの風味が味のアクセントにもなっています。
生地の食感はニューヨークチーズケーキに近いものです。
よりなめらかな食感を持たせたい場合は、
焼く前にチーズケーキ液を一度こしてみてください。

チーズケーキ

作り方

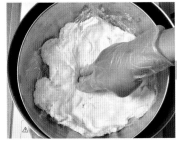

1 ボウルに小さく切ったクリームチーズを入れ湯せんにかける。

コツ 表面がかたくなるのでラップを貼っておくとよい。

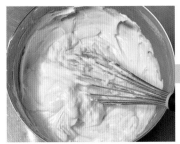

5 バター、サワークリーム、ヨーグルトを順に加えてその都度ホイッパーで混ぜる。

チーズケーキ液の材料

直径18cm×高さ6cmの底が取れる型 1台分

クリームチーズ	…………	450g
A ┌ コーンスターチ	…………	25g
└ グラニュー糖	…………	120g
バター	…………	20g
サワークリーム	…………	150g
ヨーグルト	…………	60g
卵	…………	3個
生クリーム(乳脂肪分42%)	…	150g

下準備

・型の底と周囲にオーブンシートを敷く。

・**A**を合わせてふるっておく。

・オーブンを180℃に予熱する。

ココアのクッキー生地の材料

640g分・つくりやすい分量

A ┌ バター	…………	180g
│ グラニュー糖	…………	130g
└ 塩	…………	3g
卵	…………	1/2個
アーモンドパウダー(皮付き)		70g
B ┌ 薄力粉	…………	160g
│ 強力粉	…………	80g
└ ココアパウダー	…………	8g

下準備

・バターを常温に戻す。

・**B**を合わせてふるっておく。

・オーブンを170℃に予熱する。

作り方

1 ボウルに**A**を入れてホイッパーですり合わせる。

2 溶いた卵を数回に分けて少しずつ加え、分離しないようにその都度混ぜ合わせる。

3 アーモンドパウダーを一度に加えて混ぜる。

4 **3**に**B**を3回に分けて加え、ゴムベラで粉っぽい部分がなくなるまでその都度混ぜる。

5 生地140gを切り分け、3ミリほどの厚みに伸ばし、型の底の外側に合わせてナイフで切り取る。

6 オーブンシートを敷いた天板に**5**をのせて170℃のオーブンで17分焼く。

7 オーブンから取り出したらすぐに型の底部分に敷き込む。

※残った生地は小分けにして冷凍保存しておくとよい。

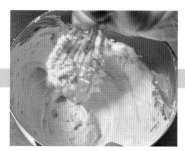

2 ある程度やわらかくなったら、ホイッパーで混ぜながらポマード状にする。

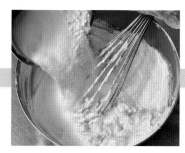

3 湯せんからはずして、**A**を入れる。

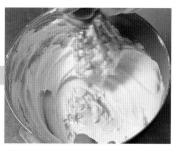

4 ホイッパーですり合わせる。

6 混ぜたところ。

7 溶きほぐした卵を3〜4回に分けて加え、その都度混ぜる。

コツ 卵が入ってからはあまり練らないようにする。

8 生クリームを加える。

9 よく混ぜる。チーズケーキ液の完成。

コツ よりなめらかな食感にしたい場合は、網でこす。

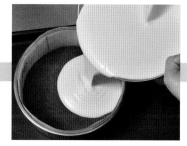

10 型に敷き込んだクッキー生地が冷めてから、チーズケーキ液を静かに流し入れる。

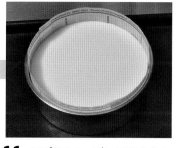

11 180℃のオーブンに10分入れて焼き、そのあと10分ごとに10℃ずつ温度を下げ、最後は150℃で15分焼く。

コツ 温度を下げるたびに型を回し、均一に焼き色が付くように調整する。

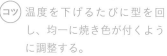

12 焼き上がったらすぐに周囲の上部にナイフを入れると、中央の凹みが少なくなる。

ルビーのレアチーズケーキ

少しゆるめのレアチーズケーキをグラスに盛り付けたデザートです。
チェリーのソースには缶詰を使っていますが、6月のシーズン中に生のアメリカンチェリーが手に入ったら、
自家製のソースをつくって合わせるとよりおいしくいただけます。

<table>
<tr><td>材料</td><td>120〜130ccのグラス 7〜9個分</td></tr>
</table>

クリームチーズ	……………………	200g
グラニュー糖	……………………	60g
A ［ ヨーグルト	……………………	100g
レモン果汁	20〜25g（½個分）	
生クリーム (乳脂肪分35%)	……………	200g
粉ゼラチン	……………………	8g
キルシュ	……………………	大さじ1

チェリーソース (つくりやすい分量)

B ［ チェリー缶	……………	1缶 (411g)
(サワーチェリー、またはダークチェリー)		
チェリー缶のシロップ		200g
グラニュー糖		40g
(シロップの20%の分量)		
レモン果汁	……………………	大さじ1
キルシュ	……………………	大さじ1 (適宜)

※なくても可。

下準備

・粉ゼラチンは25gの水 (分量外) でふやかしておく。

作り方

1 クリームチーズを湯せんにかけてやわらかくする。

2 **1** にグラニュー糖を加えて、ホイッパーですり合せる。

3 **A**を加えてさらに混ぜる。

4 別のボウルに生クリームを入れ、7分立てくらいに泡立てる。

5 粉ゼラチンを湯せんにかけて液体状にし、**3**に加えて混ぜる。キルシュも加える。

6 **5**に**4**を2〜3回に分けて加え、その都度ホイッパーで底からすくうように混ぜ合わせる。

7 グラスに流し込み、冷蔵庫で冷やし固める。

8 チェリーソースをトッピングする。

チェリーソースの作り方

小鍋に **B**をすべて入れて火にかける。

ひと煮立ちしたらアクを取る。

レモン果汁を加えたら火を止め、粗熱が取れたらキルシュを加える。

レモンケーキ

昔ながらのレモンケーキを
オクシモロン風にアレンジしたものです。
レモン型ではなくカップ型を使ったシンプルでかわいい形は、
オクシモロンならではの佇まいです。
生地にもオクシモロンらしさを詰め込みました。
薄力粉と強力粉を 1 対 1 の割合にしたことで、
ふわっとしていて、しっとり、もっちり……、
独特な食感に。
仕上げにかけるグラスには、
レモン果汁をたっぷり使っているので、
ほお張ると、さわやかな香りに満たされて、
あとを引くおいしさです。
国産のレモンを使ってぜひつくってみてください。

レモンケーキ

1 グラニュー糖を入れたボウルに、溶いた卵を少しずつ加えながらその都度ホイッパーでよくすり合わせる。

材料　底径4cm×高さ5.5cm（110cc）のプリンカップ　8個分

グラニュー糖	……………	180g
卵	……………	3個
サワークリーム	……………	75g
A　薄力粉	……………	38g
強力粉	……………	38g
ベーキングパウダー	……………	2g
ラム酒	……………	大さじ1
発酵バター	……………	45g
レモンの皮のすりおろし	……………	1個分
レモンのグラス		
純粉糖	……………	300g
レモン果汁	……………	40〜50g（1個分）
水	……………	適量
仕上げ用		
ピスタチオ	……………	適量

5 ラム酒を加え、なじませるようにさらに混ぜる。

下準備

- カップに溶かした発酵バター（分量外）を薄く塗り、冷やし、強力粉（分量外）をふって余分を落としておく。
- ボウルに発酵バターを入れ、湯せんで溶かしておく。
- 卵を常温に戻す。
- **A**を合わせてふるっておく。
- ピスタチオは包丁で粗く刻む。
- オーブンを185℃に予熱する。

9 ホイッパーで混ぜる。

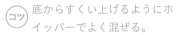

コツ　底からすくい上げるようにホイッパーでよく混ぜる。

13 **11**のケーキは上側を少しカットしてから底を上にして置く。グラスをかける。

2 別のボウルにサワークリームを入れ、**1**を少しずつ流し入れてホイッパーでよく混ぜ合わせる。

3 均一に混ざった状態。

4 **A**を**3**に3～4回に分けて加え、その都度ダマにならないように混ぜる。

6 発酵バターのボウルにすりおろしたレモンの皮を加える。

7 **5**を**6**のボウルに少し加えて混ぜ合わせる。

8 なじんで乳化したら**5**のボウルに戻し加える。

10 スプーンでカップの6～7分目まで入れる。絞り袋でも可。

11 185℃のオーブンで15～17分焼く。焼き上がったらカップからはずして冷ます。

12 レモンのグラスをつくる。純粉糖にレモン果汁を加える。さらに水を少しずつ加えてかたさを調整する。

コツ スプーンで垂らすと盛り上がって静かに消えていく濃度にする（写真参照）。

14 スプーンなどを使って側面まできれいに塗る。

15 半乾きのときにピスタチオをのせて、グラスを乾かす。

チョコレートジンジャーケーキ

温かいとフォダンショコラのようなトロリとした食感と、パンチの効いた生姜のハーモニーが楽しめます。
常温だと生チョコのように濃厚で、生姜の風味がマイルドに。
好みの食べ方でお召し上がりください。

材料　直径15cm×高さ6cmの丸型 1台分

A ┌ チョコレート(カカオ分55%) …… 120g
　　 └ バター ……………………………… 90g
B ┌ 卵 ……………………………………… 2個
　　 └ グラニュー糖 ……………………… 80g
ココアパウダー ………………………… 30g
ジンジャージャム ……………………… 90g

下準備

・型にオーブンシートを敷く。
・オーブンを170℃に予熱する。

ジンジャージャムの作り方

生姜(100g)をフードプロセッサーにかけて
ペースト状にし、三温糖(100g)、レモン果
汁(大さじ2)とともに鍋に入れて煮る。少
しとろみがついてきたら火を止めて冷まし
ておく。

※ P.95のスパイスジンジャーシロップで使用した生姜を使
う場合は、生姜100gをフードプロセッサーでペースト状
にして、三温糖20gと水40gとともに鍋に入れて煮る。

作り方

1 ボウルに **A** を入れて湯せんにかけておく。

2 別のボウルに **B** を入れて湯せんにかけながらホイッパーで混ぜ、人肌より少し高い温度になるまで温める。

3 さらに、生地がもったりと白っぽくなり、しっかりと跡が残るぐらいまでホイッパーで泡立てる。

4 **3** にココアパウダーを加えてダマにならないように、ホイッパーで手早く混ぜ合わせる。

5 **1** にジンジャージャムを加えて混ぜ合わせる。

6 **4** のボウルに **5** を加えて気泡を潰さないように、ホイッパーのワイヤーを通しながら混ぜ合わせる。

7 型に生地を流し入れ、底部分をトントンと叩き、気泡を整える。170℃のオーブンで25分焼く。

8 焼き上がったら型からはずし、底面を上にして冷ます。好みでココアパウダー(分量外)をふる。

モルダウ

モルダウ川のほとりのカフェで飲んだドリンクの味を、ケーキに再現したものです。
ヘーゼルナッツ風味の生地と細かく挽いたコーヒーの香りがあいまって、独特な深い味わいに。
たっぷりのホイップクリームを添えてもおいしいです。

材料　直径18cm×高さ6cmの丸型　1台分

A	バター	125g
	グラニュー糖	45g
卵黄		3個分
ヘーゼルナッツパウダー		80g
コーヒー豆		25g
生クリーム		60g
ラム酒		20g
B	卵白	3個分
	グラニュー糖	55g
C	薄力粉	105g
	ベーキングパウダー	3g

グラス

D	純粉糖	50g
	水	5g
	ラム酒	小さじ1/2

コーヒーチョコレート(市販) …… 適量

下準備

- 型に薄くバター(分量外)を塗って強力粉(分量外)を打っておく。
- バターと生クリーム、卵を常温に戻す。
- コーヒー豆はエスプレッソ用に細かく挽いて粉状にしておく。
- Cを合わせてふるっておく。
- 純粉糖をふるっておく。
- オーブンを180℃に予熱する。

作り方

1 ボウルにAを入れて白っぽくなるまでホイッパーで混ぜ合わせる。

2 卵黄を1個ずつ加えて、その都度なめらかになるまで混ぜ合わせ、ヘーゼルナッツパウダー、コーヒーの粉を順に加えて混ぜる。

3 生クリームを少しずつ加えてなめらかになるまで混ぜ、さらにラム酒も加える。

4 別のボウルにBを入れてしっかりとツノが立つまで泡立てる。

5 3に4のメレンゲを1/3加えてホイッパーでぐるぐるとなじませる。

6 ゴムベラに持ち替えてCの1/3を加えてボウルの底からすくうように混ぜ合わせる。さらに4とCを1/3ずつ、交互に2回入れてその都度混ぜ合わせる。

7 型に生地を入れて表面を平らにならし、180℃のオーブンで30〜35分焼く。

8 焼き上がったら型からはずし、底面を上にして冷ます。

9 グラスをつくる。ボウルにDを入れてなめらかになるまで混ぜる。

10 8の上面に9のグラスをのせてパレットナイフでならす。グラスが完全に乾く前に飾りのコーヒーチョコレートをのせる。

クルフィ

インドでは、牛乳を煮詰めたものに
サフランやナッツなどを入れたアイスキャンディーとして売っています。
そのクルフィをちょっとリッチにフルーツを加えてアレンジしたものです。
製氷皿を使ってキューブ状につくってもかわいいです。

[材料] 100ccのカップ 8個分

グレープフルーツ（白、ルビー）……	各½個
グレープフルーツの果汁…………	100g
A ┌ カシューナッツ………………	30g
└ ピスタチオ………………	10g
B ┌ エバミルク………………	1缶(410g)
│ きび砂糖………………	60g
└ 生クリーム (乳脂肪分42%)	200g
カルダモンシード………………	3粒

[下準備]

・**A**は120℃のオーブンで15分空焼きして
　おく。

[作り方]

1 ボウルと重ねたザルの上でグレープフルーツの薄
　皮をむく。ボウルに受けた果汁は置いておき、実
　は4〜5等分に切る。

2 カシューナッツは手で適当な大きさに割り、ピス
　タチオは包丁で粗く刻む。

3 **B**を小鍋に入れて、カルダモンシードも手か包丁
　で殻部分を割って殻ごと入れ、過熱する。

4 沸騰直前で火を止め、網でこしてカルダモンシー
　ドを取り出して冷ます。

5 冷めたらグレープフルーツの実、果汁、**A**をカッ
　プに入れてアイス棒をさす。**4**を注ぎ入れ、冷凍
　庫で冷やし固める。

カシューナッツは瓶の底などで粗く潰して
もよい。

網でこしながらカルダモンを取り出す。

冷めたらアイス棒をさしたカップに注ぐ。

コーヒーアイス

オクシモロンオリジナル焙煎のコーヒー豆を使ったメニューのひとつ。
フランス風のアイスクリームをベースにしたレシピで、
まったりとしたクリームのコクにコーヒーの強い味が効いたひと品です。

材料	つくりやすい分量	
A	牛乳	250g
	コーヒー豆	30g
B	卵黄	2個分
	グラニュー糖	80g
生クリーム (乳脂肪分42%)		250g
ラム酒		小さじ2

作り方

1　小鍋に **A** を入れて沸騰寸前まで温めてコーヒーを煮だす。

2　ボウルに **B** を入れ、ホイッパーで白っぽくなるまで混ぜ合わせる。

3　**1** を網でこしてコーヒー粉を取り除き、**2** に注ぎ入れる。

4　**3** を再度網でこしながら鍋に移す。鍋底をゴムベラでかき混ぜながら火にかけ、少しとろみがついたら火からおろす。分離してしまうので沸騰させないのがコツ。

5　**4** を氷水にあてて冷やす。冷えたら、生クリームを加えてムラなく混ぜ合わせる。

6　**5** にラム酒を加えて混ぜ合わせる。

7　**6** を容器に入れ、冷凍庫で冷やし固める。

下準備

・コーヒー豆は中粗挽きに挽いておく。
・生クリームは9分立てに泡立てて冷蔵庫に置いておく。

コーヒー豆は中粗挽きにし、30g用意する。

小鍋に **A** を入れて沸騰寸前まで温める。

細かい網でコーヒーの粉をこす。

スパイスシリアル

いろいろなスパイスを試して
アクセントにさわやかさが残るように
つくったメニューです。
シナモン、カルダモンは
お菓子に合うスパイスとして王道ですが、
フェンネルシードが意外に合うことを発見。
そのままでも、
牛乳やヨーグルトと合わせても美味です。

材料　つくりやすい分量

A
カシューナッツ	150g
かぼちゃの種	50g
ひまわりの種	50g
全粒粉	12g
オートミール	250g
フェンネルシード	5g
ミックススパイス★	12g

★
シナモンパウダー	10g
ジンジャーパウダー	5g
クローブパウダー	2g
カルダモンパウダー	2g

を合わせた中から、12gを使用。

B
菜種油	70g
はちみつ	170g
三温糖	50g
塩	4g

サルタナレーズン ………………… 30g

下準備

・天板にオーブンシートを敷く。
・カシューナッツは120℃のオーブンで15分空焼きしておく。
・フェンネルシードはめん棒、またはすり鉢で軽く潰しておく。
・★を合わせてミックススパイスをつくる（表示はつくりやすい分量）。
・オーブンを140℃に予熱する。

作り方

1　ボウルに**A**を入れて混ぜ合わせる。
2　鍋に**B**を入れて中火にかける。途中焦げないようにゴムベラで混ぜながら油分とはちみつを乳化させる。
3　フツフツとしてきたら火からおろし、**1**に加えて全体にいきわたるようにまんべんなく混ぜる。
4　天板に薄く広げる。
5　140℃のオーブンで1時間焼き、一旦扉を開けて庫内の蒸気をだして、さらに20分ほど焼く。
6　粗熱が取れたらざっくりとほぐし、サルタナレーズンを加える。

スパイスキャラメル

生クリームが大量に余りそうになると、
スタッフのおやつにつくっている生キャラメルです。
カルダモンの風味をだすために
中身の粒をだして煮込んでいるのがポイント。
食べると粒をかんだ瞬間に
カルダモンの香りが広がります。

材料 10cm×15cm×高さ1cmの角型 1台分

A	生クリーム	200g
	グラニュー糖	70g
	はちみつ	30g
グラニュー糖		50g
B	シナモンパウダー	小さじ1
	カルダモンシードの中身	1粒分
バター		10g
自然塩		ひとつまみ

下準備

・型にオーブンシートを敷く。

作り方

1 鍋に **A** を入れて火にかけ、沸騰する直前まで温める。

2 別の鍋にグラニュー糖を入れ、カラメルをつくる。

3 **2** に **1** を少しずつ加える。

4 **B** を加えてよく混ぜ、焦げないように鍋底をさわりながら煮詰める。

5 鍋底が見えるくらいまで煮詰まったら、バターを加えてよく混ぜる。

6 最後に自然塩を加えてサッと混ぜ、オーブンシートを敷いた型に流し入れて冷蔵庫で1時間冷やす。

7 冷えたら温めた包丁でカットする。

グラニュー糖を別の鍋で煮て、カラメルをつくる。→ P.14〜15 **1**〜**4**参照

2の鍋に **1** を少しずつ入れる。

鍋底が見えるくらいまで煮詰める。

45

緑米のクッキー

緑米は古代米のもち米の一種で、
オクシモロンのカレー用ごはんにも混ぜているお米です。
オクシモロンのイメージカラーは深緑ということもあり使い始めたのですが、
実際に食べてもとてもおいしく、
カレーの味を引き立ててくれています。
そんな緑米をアレンジできないかと
つくったのがこのクッキーです。
緑米を炒って、オートミールと合わせ、
はちみつでほんのりした甘さに仕上げました。
香ばしいお米の味とともに、
オートミールのザクザク、緑米のプチプチという
2つの食感を楽しめます。
しっかりとした満足感が得られる
素朴で新しい「あまいもの」です。

緑米のクッキー

作り方

材料　直径5cm　17〜20枚分

緑米 ･･････････････････････････60g
※玄米でも代用可。

はちみつ ･･････････････････････35g

牛乳 ･･････････････････････････40g

A ┌ オートミール ････････････100g

　　│ 薄力粉 ･････････････････80g

　　│ きび砂糖 ･･･････････････30g

　　└ 塩 ･･･････････････ひとつまみ

米油 ･･････････････････････････60g

下準備

・天板にオーブンシートを敷く。

・薄力粉をふるっておく。

・オーブンを170℃に予熱する。

1 鍋に緑米を入れて火にかける。

4 牛乳を加えて混ぜ合わせる。

8 米油を加える。

12 平らにしてからラップをはず
し、天板に並べる。

コツ 緑米がパチパチと弾けるまで、焦げないように気を付けながら鍋をゆする。

2 すべて弾けたら鍋から取り出して冷ます。

3 小さいボウルにはちみつを入れて湯せんにかける。

5 別のボウルに**2**と**A**を入れ、ぐるぐると混ぜ合わせる。

6 **4**をボウルのまわりから流し入れる。

コツ きれいにまんべんなく行きわたるように入れる。

7 ゴムベラで均一になるように混ぜる。

9 さらに混ぜる。

10 ラップの上に大さじ2杯程度のせる。

11 ラップを絞って固める。

13 170℃のオーブンで15〜17分、薄いきつね色になるまで焼く。

レモンクッキー

やさしい焼き色がかわいらしいレモンのアイスボックスクッキーです。
まわりにまぶしたざらめ糖のカリカリとした食感がアクセントになっています。
つくりやすい分量は約50枚分なので、半量の生地は焼かずに冷凍保存にしてもよいでしょう。

[材料] 直径2.5〜2.8cm 約50枚分

A┌ 発酵バター ·················· 110g
 │ グラニュー糖 ················ 85g
 └ 塩 ······························· 1g
卵黄 ································ 1個分
レモン果汁 ················ 15g(1/3個分)
B┌ 薄力粉 ······················ 210g
 └ レモンの皮のすりおろし ····· 1個分
ざらめ糖 ·························· 適量

[下準備]

・天板にオーブンシートを敷く。
・発酵バター、卵を常温に戻す。
・薄力粉をふるっておく。
・オーブンを160℃に予熱する。

[作り方]

1 ボウルにAを入れてホイッパーですり合わせる。
2 卵黄を加えてさらによく混ぜる。
3 レモン果汁を加えて分離しないように混ぜ合わせる。
4 Bを混ぜ合わせて3に3〜4回に分けて加え、その都度ゴムベラで粉っぽさがなくなるまで混ぜ合わせる。
5 生地を2分割し、それぞれ棒状に形を整えて、ラップで包んだ冷蔵庫で3時間ほど冷やす。
6 生地が冷えたらラップをはずして台の上で転がし形を整える。直径約2.5cm長さ30cmほどの棒状にし、再びラップで包み冷凍庫で冷やし固める。
7 冷やし固めた生地を取り出す。水(分量外)で側面を濡らし、ざらめ糖を入れたバットの中で転がしてまぶす。
8 12mmほどの厚みにカットして天板に並べて160℃のオーブンで20分(裏面がきつね色になるまで)焼く。

サブレ

オクシモロンの開店当初からある、人気のお持ち帰りメニューのひとつ。
皮付きのアーモンドパウダーや発酵バターなどの素材がいきたシンプルなおいしさです。
サクサクとした軽い食感は、生地をカードで切りながら混ぜ合わることで実現します。

材料	5cm角 約40〜50枚分（約840g分の生地）

A	グラニュー糖	85g
	薄力粉	325g
	アーモンドパウダー(皮付き)	100g
	塩	2g
発酵バター		200g
卵		1個

下準備

・天板にオーブンシートを敷く。
・発酵バターは1.5〜2cm角に切って冷蔵庫に置いておく。
・卵を常温に戻す。
・薄力粉をふるっておく。
・オーブンを170℃に予熱する。

作り方

1 ボウルにAを入れ、混ぜ合わせる。
2 発酵バターを加えてカードで刻みながら粉類となじむように合わせる。なじんできたら、両手の平ですり合わせる。
3 2をボウルの中央に集め、溶いた卵を周囲から回し入れる。
4 カードを使ってすくい上げるように卵液とAの粉類を混ぜ合わせる。
5 カードで生地を2分割に切って重ね、押してなじませる。粉っぽい部分がなくなるまで繰り返す。
6 生地を3等分して2〜3mmほどの厚さにのばす。
7 好みの形にカットして天板に並べる。170℃のオーブンで15〜20分ほど焼く。

ショートブレッド

カチッとした形と空気を含まない密な生地が特徴のショートブレッドです。
白く仕上げるために、低めの温度で長い時間かけて焼き上げていきます。
バニラシュガーを入れると風味が増して美味。

材料 2.5cm角 20〜25個分

A	発酵バター	200g
	グラニュー糖	100g
	バニラシュガー ※無くても可。	小さじ1〜2
	塩	1g
牛乳		大さじ1
薄力粉		380g

下準備

・発酵バターは1.5〜2cm角に切って
　冷蔵庫に置いておく。
・薄力粉をふるっておく。
・オーブンを150℃に予熱する。

作り方

1 ボウルにAを入れ、ホイッパーですり合わせる。

2 牛乳を加えてよくなじませる。

3 別のボウルに薄力粉を入れる。2を加え、手の平で押さえながら粉っぽいところがなくなるまでなじませる。

4 2cmの厚みに四角くのばし、冷蔵庫で3時間以上冷やし固める。

5 4を2.5cm角にカットして中央に竹ぐしなどで穴をあけて、模様を付ける。

6 150℃のオーブンで50分焼く。焼き色が強く付かないように調節する。

第2章

季節ごとに
食べたくなる
とっておきのお菓子

いちごのババロア

いちごが出回る季節になると、
毎年つくるのがこのいちごのババロアです。
主に使っているいちごは、小ぶりなサイズの
ジャムなどに使うもので形も少々不ぞろいですが、
ヘタを一つひとつ丁寧に取って、ピュレにすると
ボウルの中にきれいな赤色が現れます。
甘酸っぱいいちごの香りに包まれながら、
真っ赤なピュレをカスタードクリームと混ぜ合わせると、
思い描いていた、かわいいピンク色になって、
いつも嬉しくなります。
かためでもっちりしたババロアの中に
いちごの味と香りがしっかり閉じ込められていて、
少し残っているいちごの果肉や種のプチプチした
食感もおいしさをつくる一部になっています。
「いちごの季節になるとこのババロアが食べたくなる」
という声が多く届いています。

いちごのババロア

材料　底径4cm×高さ5.5cm（110cc）のカップ　5個分

いちご……………………………… 150g
A ┌ レモン果汁……………… 10g（¼個分）
　└ コアントロー……………… 大さじ½
グラニュー糖……………………… 50g
卵黄………………………………… 1個分
牛乳………………………………… 150g
粉ゼラチン………………………… 10g
生クリーム………………………… 50g
仕上げ用
B ┌ 生クリーム……………………… 50g
　└ グラニュー糖…………………… 5g
プレーンヨーグルト（無糖）……… 25g
いちご……………………………… 5粒

下準備

・ カップに香りが強くない植物油（分量外）を薄
く塗る。
・ いちごのヘタを取る。
・ 粉ゼラチンは40gの水（分量外）でふやかして
おく。
・ ヨーグルトはスプーンなどで混ぜて、なめら
かにして冷やしておく。

作り方

1 いちごをフォークでつぶす。
フードプロセッサーでも可。

5 **3**に**4**を少しずつ注ぎながら
なめらかになるまで混ぜる。

9 網でこしながらボウルに移す。

13 **12**に**11**を加え、ゆるいとろ
みがつくまで混ぜる。

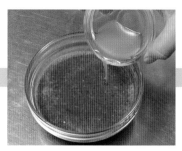

2 Aを加える。

3 ボウルにグラニュー糖（一部残す）と卵黄を入れ、白っぽくもったりするまでホイッパーでよく混ぜる。

4 残しておいたグラニュー糖を鍋に入れ、牛乳を加えて火にかける。

コツ 沸騰直前まで温める。

6 網でこしながら鍋に戻す。

7 中火にかけてとろりとするまで煮る。
コツ ゴムベラでたえず混ぜる。沸騰させない。

8 粉ゼラチンを入れて、溶かし混ぜる。

10 氷水にあてて粗熱を取る。
コツ 時々混ぜてなめらかな状態にして、トロッとしてきたら一度氷水からはずしておく。

11 2を加えて混ぜる。

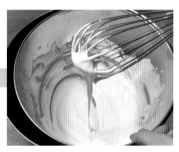

12 別のボウルに生クリームを入れ、6分立てのかたさまで泡立てる。

14 きれいに混ざったら、型に均等に流し入れ、冷蔵庫で2時間以上冷やし固める。

15 Bをボウルに入れ8分立てにし、なめらかにしたプレーンヨーグルトと合わせる。

16 ババロアの上に15をのせる。皿の下を叩いてクリームを自然に垂らし、いちごを飾る。

レモンのタルト

初夏から盛夏にかけて、
さわやかに食べていただける「あまいもの」をと思い、
つくったタルトです。
レモンのタルトというと、
一般にレモンクリームを使ったものが多いのですが、
オクシモロンらしい、力強いお菓子にするために、
アーモンドクリーム生地の中に
レモンの香りと酸味をしっかりと閉じ込めたレモンカードを
混ぜ込んで、焼き込みました。
甘みと酸味のバランスがちょうどよい、
くせになる味わいです。
ホイップクリームをたっぷりのせ、
緑色がきれいなピスタチオを飾って
かわいらしく仕上げてください。

レモンのタルト

材料 16cm×高さ2cmのタルトリング1台分

サブレ生地 (作り方→ P.51) ……………… 130g

レモンカード

卵 ……………………………………… 1/2個

A ┌ グラニュー糖 ……………………… 30g

  レモン果汁 ………………… 30g (2/3個分)

  レモンの皮のすりおろし ……… 1/2個分

  └ バター ……………………………… 25g

アーモンドクリーム

バター ………………………………… 25g

グラニュー糖 ………………………… 25g

卵 ……………………………………… 1/2個

アーモンドパウダー (皮無し) ………… 20g

薄力粉 ………………………………… 5g

生クリーム (乳脂肪分42%) …………… 適量

ピスタチオ …………………………… 適量

下準備

・バター、卵を常温に戻す。

・薄力粉をふるっておく。

・レモンカードに使用するバターは2cm角ほど
　にカットしておく。

・ピスタチオは包丁で粗く刻む。

・オーブンを170℃に予熱する。

作り方

1 サブレ生地をオーブンシート
の上に置く。

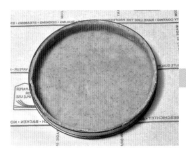

5 カットした状態。

9 とろみがついてきたら焦げつ
かないようにゴムベラで素早
くかき混ぜ、火を止める。

13 生クリームを9分立てに泡立
てる。

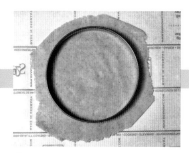

2 タルトリングよりもひと回り大きく、2〜3mmの厚さにのばす。

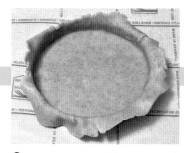

3 型にはめ、冷凍庫で30分程度冷やす。

4 生地が固まったら余分な部分をカットする。

6 170℃のオーブンで15分焼く。

7 レモンカードをつくる。ボウルに卵を割り入れ、カラザを取り除き、ホイッパーで溶きほぐす。

コツ カラザを取り除くとなめらかなカードができる。卵白のコシを切るように溶きほぐす。

8 Aと一緒に小鍋に入れて火にかける。

※**7**〜**10**のレモンカードとアーモンドクリームの写真は2台分の分量でつくっています。

10 P.70 **2**〜**5**と同様にアーモンドクリームをつくる。薄力粉も加える。

11 **9**と**10**をボウルに入れて混ぜ合わせる。

12 **6**のタルト生地にきれいに詰める。170℃のオーブンで30分焼く。

14 **13**を絞り袋に入れてタルトの上に絞りだす。ランダムでOK。

15 ピスタチオを飾って完成。

パイナップルとパニールのデザート

パニールとはインドでつくられているチーズのことで、
製法はリコッタチーズやカッテージチーズとほぼ同じです。
本来は、甘さを加えずに豆腐状に固めたものをカットしてカレーの具材にしますが、
デザート用に生クリームや砂糖を入れて、少しリッチなパニールにアレンジしました。

材料 | 4～5人分

A ┌ 牛乳 ‥‥‥‥‥‥‥‥‥‥‥ 500g
　├ 生クリーム ‥‥‥‥‥‥‥ 200g
　└ きび砂糖 ‥‥‥‥‥‥‥‥ 50g
レモン果汁 ‥‥‥‥‥‥‥‥‥ 大さじ2
パイナップル ‥‥‥‥‥‥‥‥ ½個分
B ┌ はちみつ ‥‥‥‥‥‥‥ 大さじ3～4
　└ シナモンスティック ‥‥‥ 1本
レモンの皮 ‥‥‥‥‥‥‥‥‥ 適量

下準備

・ パイナップルは3～4mmにスライスし、
　 Bとあえておく。

作り方

1　鍋にAを入れて火にかけて温める。沸騰したら弱火にして1～2分したら火からおろし、レモン果汁を加えてそっとかき混ぜる。

2　分離してきたら清潔な布でこす。

3　布で包んだ状態で軽く水にさらし、ざるに置いて好みのかたさまで水気を切る。

4　容器に移して冷蔵庫で冷やす。

5　4が冷えたらBとあえておいたパイナップルを飾り、ゼスターで上からレモンの皮をかける。すりおろしでも可。

Aの材料が沸騰したら弱火で1～2分煮て火を止め、レモン果汁を加える。

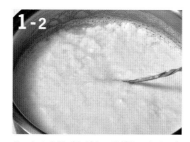

そっとかき混ぜながら、分離してくるのを待つ。

分離してきたら、清潔な布でこす。

ヘーゼルナッツのダコワーズ

ダコワーズを香ばしいヘーゼルナッツでアレンジしました。
コーヒーアイス (P.42) をサンドすれば、おもてなしにもなる大人のデザートに。
バタークリームやチョコレートをディップしても。

(P.42)

材料 | 直径5cm 15〜16枚分

卵白 ……………………… 約3個分 (100g)
グラニュー糖 …………………… 20g
A ┌ 薄力粉 …………………… 20g
  │ 粉糖 …………………… 80g
  └ ヘーゼルナッツパウダー …… 80g
コーヒーエキス (P.20) ………… 小さじ1
コーヒーアイス (P.42) …………… 適量

(P.20)、(P.42)

下準備

・天板にオーブンシートを敷く。
・Aを合わせてふるっておく。
・オーブンを185℃に予熱する。

作り方

1 ボウルに卵白を入れてハンドミキサーを高速にして泡立てる。

2 グラニュー糖を加えてしっかりとしたメレンゲになるまでさらに泡立てる。

3 きめ細かいしっかりとしたツノが立ったら、ハンドミキサーを中速〜低速にして気泡が均一になるまで泡立ててキメを整える。

4 Aを2〜3回に分けて加えて、コーヒーエキスも加える。その都度気泡を潰さないようにホイッパーのワイヤーを通しながら混ぜる。

5 12mmの丸口金を付けた絞り袋に入れて、天板に直径5cmの丸型に絞りだす。膨らむので間隔を少しあけてくっつかないようにする。

6 表面に茶こし等で粉糖 (分量外) をたっぷりとふりかけて、185℃のオーブンで18〜20分焼く。冷めたらオーブンシートから生地をそっとはがす。

7 コーヒーアイスを適量サンドする。

気泡が均一になるように整える。

ホイッパーの中に入った生地をふって落とすようにする。これを繰り返して混ぜる。

粉糖をたっぷりかけると表面がカリカリに焼き上がる。

コーヒーゼリー

かために仕上げたゼリーは、
口に入れるとコーヒーの深い味わいと豊かな香りが広がります。
店では、2種類の焙煎度・産地のコーヒー豆をブレンドしたコーヒー液を使っています。

| 材料 | つくりやすい分量 |

コーヒーゼリー

A ⌈ コーヒー液 ……………………… 210g
 └ グラニュー糖 ………………… 20g
粉ゼラチン ………………………………… 5g
コーヒーリキュール ……………… 10g
生クリーム、コーヒー豆 ……… 各適量

下準備

・細かく挽いたコーヒーの粉20gをドリップしてコーヒー液をつくる。
・粉ゼラチンは大さじ1の水（分量外）でふやかしておく。

作り方

1 鍋に**A**を入れて火にかけ、沸騰直前まで温めたら火からおろす。

2 **1**に粉ゼラチンを加え、静かに混ぜて溶かす。

3 粗熱が取れたらコーヒーリキュールを加えて混ぜ合わせる。

4 **3**を容器に流し入れ、冷蔵庫で冷やし固める。

5 食べやすい大きさにカットしてグラスに盛り付け、8分立てに泡立てた生クリーム、コーヒー豆をのせる。

コーヒー液をつくる

コーヒー豆は深煎り1：中深煎り2の割合で20g準備する。

ドリップで入れる。

210g用意する。

無花果のアーモンドケーキ

１つのボウルの中に、

バター、卵、粉類を入れながら

混ぜていくだけで生地ができるケーキです。

バナナやパイナップル、りんごなどでも

おいしくつくれますが、

店では、夏の終わり、少し涼しくなって

焼き菓子が恋しくなるころに、

旬の無花果でつくって提供するようになりました。

生の無花果はオーブンでしっかり火を通すことで、

甘さがぎゅっと凝縮され、

また果汁がケーキ生地に染み込んでおいしさがアップ。

あらかじめ生地の中に混ぜ込んである

ドライイチジクの甘みとプチプチとした食感、

ドライアプリコットの酸味も、

味わいの奥行きをつくっています。

ぜひ、無花果の季節につくってみてください。

無花果のアーモンドケーキ

材料 | 直径15cm×高さ6cmの丸型 1台分

A ┌ ドライアプリコット ……………… 50g
　└ ドライイチジク …………………… 50g
バター ………………………………… 125g
グラニュー糖 …………………………… 75g
卵 …………………………………………… 1個
アーモンドパウダー (皮付き) ……… 35g
B ┌ 薄力粉 …………………………… 125g
　└ ベーキングパウダー ……………… 3g
コアントロー …………………………… 15g
イチジク …… 中ぐらいの大きさ3～4個
ピスタチオ ……………………………… 適量
ナパージュ ……………………………… 適量

※ナパージュはアプリコットジャム (市販) で代用も可。
　実が大きいタイプであれば潰してこす。

下準備

・型にオーブンシートを敷く。
・バター、卵を常温に戻す。
・Bを合わせてふるっておく。
・ピスタチオは包丁で粗く刻む。
・オーブンを180℃に予熱する。

1 Aを沸騰した湯に浸し、やわらかくなったら湯を切り水気を十分に取っておく。

5 さらにアーモンドパウダーを加えて混ぜる。

9 底からすくい上げるようにゴムベラで混ぜる。

13 生地の中央に竹串を刺して、生地がついてこなければ焼き上がり。型からはずす。

2 ボウルにバターを入れ、ふわっと白っぽくなるまでハンドミキサー、またはホイッパーで混ぜる。

3 グラニュー糖を加えてさらに混ぜる。

4 卵を溶き入れて混ぜる。

6 Bを $\frac{2}{3}$ ほど加えて混ぜる。

7 コアントローを加えて混ぜる。

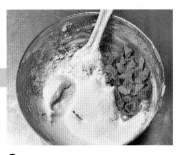

8 **1**と残りの**B**を加えて混ぜる。

コツ 粉と一緒に入れると**1**が底に沈まず、生地とよくなじむ。

10 型に**9**を入れ、スプーンの背などで平らに整える。

11 イチジクをカットして中央から放射線状に並べていく。

12 180℃のオーブンで30分焼く。

14 ナパージュを湯（分量外）で溶いて、上面にハケで塗る。

15 刻んだピスタチオを散らす。

季節のクラフティ

クラフティは、基本の生地の作り方を覚えれば、
いろいろな季節の果物でつくることができるので、おすすめのレシピです。
温かいとトロッとやわらかく、冷やすともっちりした食感になります。

材料	直径22cmの耐熱皿 1枚分
グラニュー糖	100g
バニラ	½本
A 卵	3個
卵黄	3個分
薄力粉	75g
牛乳	225g
生クリーム	225g
ぶどう	適量

下準備

・型にバター（分量外）を薄く塗っておく。
・薄力粉をふるっておく。
・オーブンを180℃に予熱する。
・ぶどうを½にカットする。

作り方

1　ボウルにグラニュー糖を入れる。

2　バニラのさやから取り出した種を **1** に加え、手ですり合わせる。さやは取っておく。

3　**A**を加えてホイッパーでよく混ぜる。

4　薄力粉を加えてダマにならないように混ぜる。

5　鍋に牛乳とバニラのさやを入れて火にかける。鍋肌がフツフツとしてきたら火からおろして生クリームを加える。

6　**4** に **5** を加えてすり混ぜて網でこす。

7　型にぶどうを並べて **6** を流し入れ、180℃のオーブンで50分焼き色が付くまで焼く。

カットした面を上にして、ぶどうを並べる。

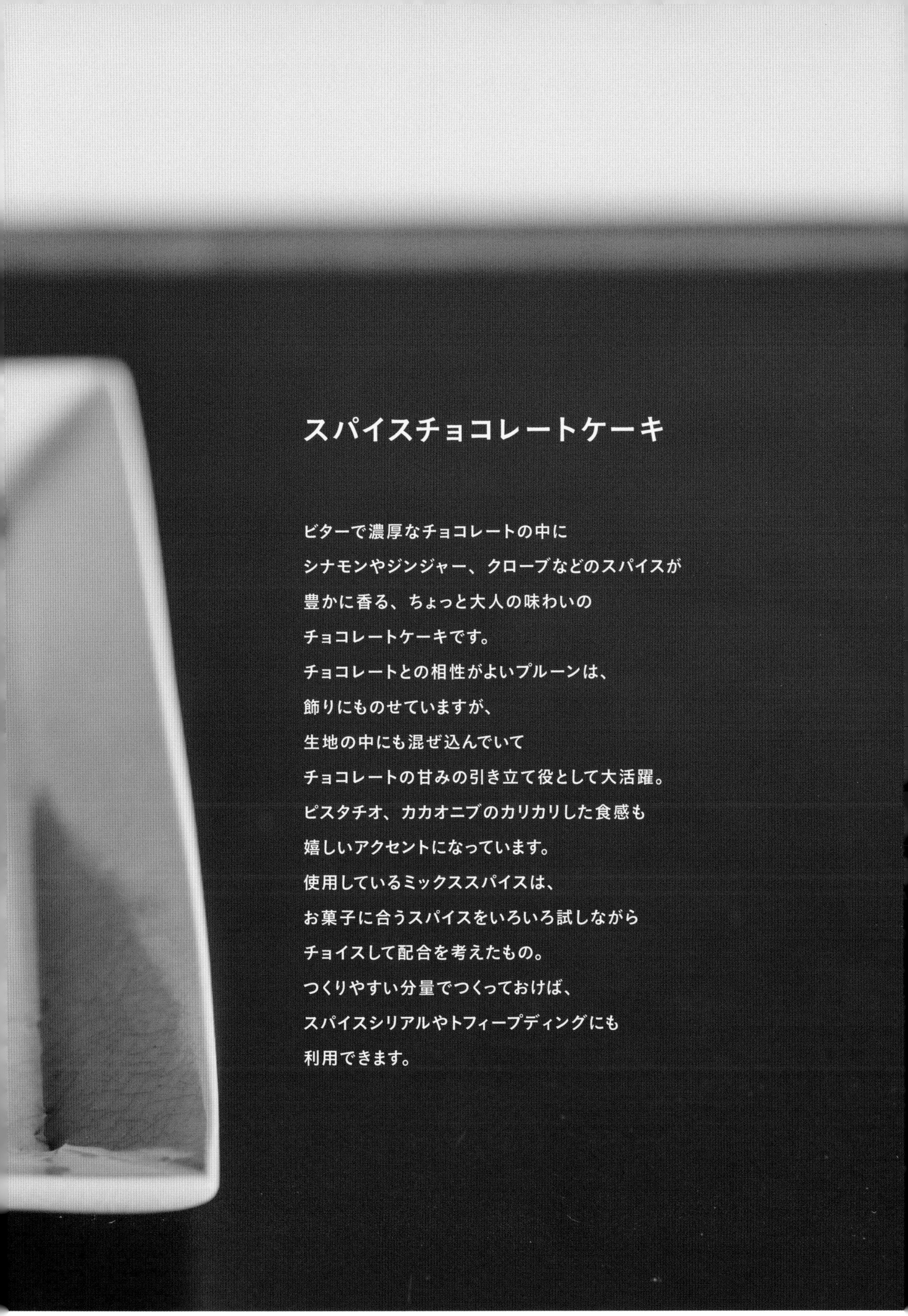

スパイスチョコレートケーキ

ビターで濃厚なチョコレートの中に
シナモンやジンジャー、クローブなどのスパイスが
豊かに香る、ちょっと大人の味わいの
チョコレートケーキです。
チョコレートとの相性がよいプルーンは、
飾りにものせていますが、
生地の中にも混ぜ込んでいて
チョコレートの甘みの引き立て役として大活躍。
ピスタチオ、カカオニブのカリカリした食感も
嬉しいアクセントになっています。
使用しているミックススパイスは、
お菓子に合うスパイスをいろいろ試しながら
チョイスして配合を考えたもの。
つくりやすい分量でつくっておけば、
スパイスシリアルやトフィープディングにも
利用できます。

スパイスチョコレートケーキ

材料　12cm×6.5cm×高さ6.5cmのパウンド型　1台分

チョコレート (カカオ分55％前後) ……… 40g

バター ……………………………………… 40g

きび砂糖 …………………………………… 40g

卵 …………………………………………… 1個

アーモンドパウダー (皮付き) ………… 15g

A ┌ 薄力粉 ……………………………… 15g
　│ ココア …………………………………… 5g
　└ ベーキングパウダー ……………… 2g

ミックススパイス★ …………………… 2g

★ ┌ シナモンパウダー ……………………… 10g
　│ ジンジャーパウダー …………………… 5g
　│ クローブパウダー ……………………… 2g
　└ カルダモンパウダー …………………… 2g
　　を合わせた中から、2gを使用。

B ┌ カカオニブ ………………………… 5g
　└ ピスタチオ ……………………… 5g

プルーン …………………………………… 20g

ラム酒 ……………………………………… 10g

仕上げ用

コーティング用チョコレート ……… 120g

飾り用のプルーン ……………………… 3個

下準備

・ 型にオーブンシートを敷く。

・ バター、卵を常温に戻す。

・ ★を合わせてミックススパイスをつくる（表示
　 はつくりやすい分量）。

・ **A**とミックススパイスを合わせてふるっておく。

・ **B**のピスタチオは包丁で粗く刻む。

・ 生地に加えるプルーンは$\frac{1}{6}$くらいの大きさに
　 カットする。飾り用は半分にカットしておく。

・ オーブンを170℃に予熱する。

作り方

1 チョコレートを湯せんにかけ
てゆるめておく。

5 **1**を少しずつ加えてさらに混
ぜ合わせる。

9 **2**を加えて混ぜ合わせる。

13 上面を平らにカットして逆さ
に置き、コーティング用チョ
コレートを上からかける。

2 プルーンは沸騰した湯にさっとくぐらせてしっかりと水気を切る。

3 ボウルにバターを入れて混ぜ、さらにきび砂糖を加えて白っぽくなるまで混ぜ合わせる。

4 溶いた卵を少しずつ加えて分離しないように気を付けながら混ぜ合わせる。

6 アーモンドパウダーを加え、混ぜ合わせる。

7 均一に混ざった状態。

8 Aとミックススパイスの$\frac{2}{3}$量、Bを加えてゴムベラで混ぜ合わせる。

10 ラム酒と残りのAとミックススパイスを加えてさらに混ぜ合わせる。

11 型に流し入れ、170℃のオーブンで40分焼く。

12 焼き上がったら型からはずして網の上で冷ます。その間に、コーティング用チョコレートを湯せんにかけてゆるめる。

14 パレットナイフで側面にもかける。

15 パレットナイフで、平らにならす。

16 チョコレートが乾く前に飾り用のプルーンを飾る。

フルーツグラタン

寒い日に熱々をいただくと、とっても幸せな気分になるカスタードのデザートです。
フルーツは季節のものやお好みのものでOK。
レシピは酸味があるベリーと香りが立つバナナを使いました。

材料	つくりやすい分量
卵黄	3個分
グラニュー糖	25g
牛乳	200g
コーンスターチ	5g
A ┌ ブルーベリー	適量
ラズベリー	適量
└ バナナ	適量
コアントロー	小さじ2
※なくても可。	
粉糖	適量

下準備

・Aは適当な大きさにカットしておく。

作り方

1 ボウルに卵黄と、グラニュー糖の半量を入れてホイッパーで白っぽくなるまで混ぜる。

2 鍋に残りのグラニュー糖と牛乳を入れて火にかけ、沸騰直前まで温める。

3 1にコーンスターチを加えてダマにならないように混ぜ合わせる。

4 混ぜながら2を加える。

5 網でこしながら4を再び鍋に戻して中火にかける。焦げつかないように鍋底をゴムベラで手早くかき混ぜ、表面がフツフツとしてきたら火からおろす。

6 耐熱の器にAを半分並べて5のクリームをのせ、残りのAを飾る。お好みでコアントローを表面に少しかける。200℃に熱したオーブンで7〜10分、もしくはオーブントースターで3〜5分、表面にほんのり焼き目がつくぐらいまで火を入れる。仕上げに粉糖をふる。

5-1

焦げつかないように、鍋底をゴムベラで手早くかき混ぜる。

5-2

落としたクリームが形をとどめているくらいのかたさになったら火からおろす。

りんごのコンポート

甘さを控えめにし、りんごの食感を残して仕上げています。
さらに、プルーンを加え、クランブルをかけてアレンジ。
気軽に味わう季節のデザートです。

材料 つくりやすい分量

コンポート

りんご ……………………………… 2個

A ┌ グラニュー糖 ………………………
　│ ………………… 水の重量の20%の分量
　│ レモン果汁 ……… 40〜50g(1個分)
　│ シナモンスティック …………… 1本
　│ クローブ ………………………… 2粒
　└ ローリエ ………………………… 1枚

ドライプルーン …………………… 5個

クランブル

B ┌ 薄力粉 ………………………… 60g
　│ きび砂糖 ……………………… 20g
　└ 塩 …………………………… ひとつまみ

バター …………………………… 30g

下準備

・バターは2cm角ぐらいにカットしておく。
・薄力粉をふるっておく。
・オーブンを170℃に予熱する。

コンポートの作り方

1 りんごの皮をむいて8等分のくし切りにし、鍋に並べる。皮も一緒に入れる。
2 りんごの表面がうっすら隠れる程度の水(分量外)を加える。
3 Aを加えて落し蓋をして火にかける。りんごに火が通ったら火からおろし、半分にカットしたドライプルーンを加える。

クランブルの作り方

1 ボウルにBを入れて混ぜ合わせる。
2 バターを加えてカードで刻むように合わせる。
3 ある程度混ぜ合わせたら手ですり合わせてポロポロの状態にし、天板に並べて170℃のオーブンで17〜18分焼く。

第3章

大切な人と過ごす時間に。
華やかなお菓子と
飲みもの

トフィープディング

スパイスが香るイギリスの伝統菓子
“トフィープディング”に、紅茶で煮た
たっぷりのドライフルーツを加えてアレンジし、
オーブンでゆっくりと蒸し焼きに。
ふんわり、もっちり仕上がったケーキに
あたたかいトフィーソースを
たっぷりかけていただきます。
クリスマスの時季にだす限定メニューで、
トフィーソースは、
店では「ヴェルジョワーズ・ブリュン」という
独特の風味のある砂糖を使っています。
レシピはきび砂糖で紹介していますが、
風味や香りを効かせたい場合は、
きび砂糖の一部を黒糖に代えてもよいでしょう。
スパイスチョコレートケーキと同様に
ミックススパイスを使うレシピです。

トフィープディング

| 材料 | 底径4cm×高さ5.5cm（110cc）のプリンカップ10個分 |

生地

A	ドライアプリコット	60g
	プルーン	100g
	レーズン	60g
	水	250g
	きび砂糖	50g
B	紅茶のティーバッグ	1個
	シナモンスティック	1本
C	バター	110g
	きび砂糖	200g
卵		3個
D	薄力粉	300g
	ベーキングパウダー	4g
	ミックススパイス★	10g

★	シナモンパウダー	10g
	ジンジャーパウダー	5g
	クローブパウダー	2g
	カルダモンパウダー	2g

を合わせた中から、10gを使用。

生クリーム（乳脂肪分42%）、ドライレーズン
....各適量

トフィーソース（10個分）

| きび砂糖 | 75g |

※あればヴェルジョワーズ・ブリュン

| バター | 75g |
| 生クリーム（乳脂肪分35%） | 150g |

| 下準備 |

・型の内側にバター（分量外）を薄く塗っておく。

・バターを常温に戻す。

・★を合わせてミックススパイスをつくる（表示はつくりやすい分量）。

・オーブンを170℃に予熱する。

| 作り方 |

1 小鍋に**A**と**B**を入れて火にかけ、沸騰して2〜3分経ったら火を止めて冷ます。冷めたら**B**は取り除く。

5 **D**を2/3ほどふるい入れてゴムベラで混ぜ合わせる。

9 残りの**D**をふるい入れて粉っぽさがなくなるまで混ぜる。

13 焼き上がり、粗熱が取れたらカップからはずす。上面を平らにカットして、皿に逆さに置く。

2 ボウルに**C**を入れてホイッパーですり合わせるように混ぜる。

3 溶いた卵を少しずつ加え、分離しないように混ぜ合わせる。

4 混ぜ合わせたところ。

6 混ぜ合わせたところ。

7 **1**を加える。

8 ゴムベラで底からすくうように混ぜる。

10 生地の完成。

11 スプーンなどで生地をカップの7分目くらいまで入れる。
コツ　中央をへこませることで生地に均一に火が通る。

12 天板に並べてまわりに湯を張る。170℃のオーブンで25分焼く。

14 小鍋にトフィーソースの材料をすべて入れ、混ぜながら火にかける。

15 バターが溶けて乳化したら火からおろす。温かいソースをスプーンで**13**にかける。

15 8分立てにした生クリーム、ドライレーズンをのせる。

いちごとラズベリーのサンドケーキ

ショートケーキのようなふわっとした生地のおいしさを味わうケーキです。マスカルポーネチーズの入った
クリームとラズベリージャム、いちごで、シンプルにデコレーションしていただきます。

材料	直径18cm×高さ6cmの丸型 1台分

生地

卵 ……………………………………… 3個
グラニュー糖 ………………………… 85g

A ┌ アーモンドパウダー (皮無し) …… 35g
　　└ 薄力粉 ……………………… 100g

バター ………………………………… 60g

クリーム

B ┌ 生クリーム (乳脂肪分42%) …… 150g
　　│ マスカルポーネチーズ ……… 150g
　　└ グラニュー糖 ………………… 20g

ラズベリージャム (つくりやすい分量)

C ┌ 冷凍ラズベリー ……………… 300g
　　│ グラニュー糖 ………………… 120g
　　└ レモン果汁 ……… 20～25g($\frac{1}{2}$個分)

いちご ……………………………… 1パック

下準備

・型にオーブンシートを敷く。
・卵を室温に戻す。
・バターは湯せんにかけて溶かしておく。
・**A**を合わせてふるっておく。
・オーブンを180℃に予熱する。
・ラズベリーは解凍しておく。

ラズベリージャムの作り方

小鍋に**C**を入れて混ぜてから火にかける。
焦げないように混ぜながら煮詰める。

作り方

1 ボウルに卵を割り入れ、卵白のかたまりがなくなるまでホイッパーで溶きほぐす。

2 **1**を湯せんにかけて2～3回に分けてグラニュー糖を加え、人肌の温度になるまでハンドミキサー、またはホイッパーで泡立てる。トロッとしてきたら湯せんからはずし、持ち上げた生地の跡が表面にしっかりと残るまでさらに高速で泡立てる。

3 ボウルの周囲の生地をゴムベラできれいに落とし、**A**を3回に分けて入れる。その都度ボウルを回しながらホイッパーで底からすくい上げ、泡を潰さないように生地と混ぜ合わせる。

4 粉っぽさがなくなったら再度ボウルの周囲の生地をゴムベラで落とす。

5 湯せんからはずした熱い溶かしバターに、**4**を一部加えて乳化するまで混ぜ合わせ、**4**のボウルに入れる。

6 ボウルを回しながらゴムベラで底から生地をすくい上げるように手早く混ぜ合わせる。

7 型に生地を流し入れ、気泡を消すように型の底をトントンと3～4回叩いて180℃のオーブンで25分焼く。焼き上がったら型からはずして冷ます。

8 スポンジ生地を横に2枚にスライスし、泡立てた**B**の$\frac{1}{3}$量 (約100g)、ラズベリージャム (100g)、いちごの半量をスライスしてサンドする。

9 トップは、**B**の残りをきれいに塗り、残りのいちごを半分にカットしてのせる。

生地を持ち上げたとき、跡が表面に残るくらいのかたさまで泡立てる。

溶かしバターのボウルに**4**を一部加えるところ。

バターを乳化させてから生地の中に入れることで、バターの油分が生地となじみやすくなる。

ココナッツのアイスケーキ

混ぜるだけで簡単につくれる、トロピカルな夏のお菓子です。
生クリーム、マスカルポーネチーズ、
濃厚なココナッツクリームを混ぜた生地に、フルーツをたっぷり入れて冷やし固めます。

材料　16cm×7cm×高さ7.5cmのパウンド型　1台分

オレンジ果実	½個分
マンゴー	80g
※冷凍または缶詰でも可。	
キウイ	½個分
A　生クリーム	100g
マスカルポーネチーズ	50g
はちみつ	50g
ココナッツクリーム	100g
B　レモン果汁	大さじ1
オレンジ果汁	大さじ2
オレンジの皮	½個分
ピスタチオ	10g
フィンガービスケット（市販）	6本

下準備

・型にオーブンシートを敷く。
・はちみつは湯せんでゆるめて扱いやすくしておく。
・オレンジの皮を粗く削っておく。
・ピスタチオは包丁で粗く刻む。

作り方

1　オレンジは実を取り出して4〜5等分にし、マンゴーとキウイは適当な大きさに切る。

2　Aをボウルに入れて、はちみつを加えながらホイッパーでしっかりと混ぜる。

3　2にココナッツクリームとB、オレンジの皮を削ったものを加えて混ぜる。

4　ピスタチオと1を加えて混ぜ合わせて型に流し入れる。

5　市販のフィンガービスケットを並べてのせて、冷凍庫で冷やし固める。

フルーツは食べやすい大きさにカットする。

ゆるめたはちみつを加えながら混ぜる。

フィンガービスケットを並べてのせる。フィンガービスケットが長い場合は、端を少しカットする。

栗のガトーバスク

フランスの伝統菓子、ガトーバスクを栗を使ってアレンジしたものです。
他のレシピに比べ、栗のペーストをつくったり、組み立てや仕上げに少し手間はかかりますが、
おいしさは格別。ぜひ、挑戦してみてください。

材料	直径15cm×高さ6cmの丸型 1台分	

和栗のペースト

栗		90g
きび砂糖		10g
水		30g
生クリーム		30g

アーモンドのカスタード

A	卵黄	1個分
	グラニュー糖A	10g
B	薄力粉	6g
	強力粉	6g
C	牛乳	100g
	グラニュー糖B	10g
バター		3g
D	ラム酒	4g
	皮なしアーモンドパウダー	28g

ガトーバスク生地

E	バター（発酵）	150g
	グラニュー糖	60g
卵黄		3個分
ラム酒		5g
アーモンドパウダー（皮付き）		75g
F	薄力粉	75g
	強力粉	75g
ざらめ糖		60g
塩		1.5g

栗の渋皮煮（市販）		8〜10粒

下準備	

- 型の底面にオーブンシートを敷いて側面にバター（分量外）を薄く塗っておく。
- バターを常温に戻す。
- **B**と**F**をそれぞれ合わせてふるっておく。
- オーブンを170℃に予熱する。

和栗のペーストの作り方	

1 ゆでた栗を半割りにしてスプーンで中身をくり抜く。
2 鍋に**1**ときび砂糖、水を入れ、栗を潰しながら、水分がなくなるまで煮る。
3 **2**をフードプロセッサーで、少し粗めの粒が残るくらいのペースト状にする。
4 鍋に**3**を戻して生クリームを加えて混ぜ合わせ、火にかけてなめらかになるようになじませる。

アーモンドのカスタードの作り方	

1 ボウルに**A**を入れて白っぽくなるまでホイッパーで混ぜる。
2 **B**を加えてダマにならないように混ぜる。
3 鍋に**C**を入れて火にかけ、沸騰直前まで温める。
4 **1**のボウルに**3**を少しずつ加えながらホイッパーで混ぜ、なじませる。
5 **4**を網でこしながら鍋に戻し、中火にかける。
6 少しとろみがつくまで、ゆっくりとホイッパーで混ぜる。少しとろみがついたらゴムベラに持ち替えて、鍋底をかきながらさらに混ぜ続け、しっかりとしたとろみがつくまで火を通す。
7 鍋を火からおろし、バターを加えてなじませる。
8 粗熱が取れたら**D**を加えて混ぜ、氷水にあてて冷やす。

1　ボウルに **E** を入れてホイッパーか木ベラですり合わせる。

2　**1** に卵黄を 1 つずつ加えて、その都度なめらかになるよう混ぜる。

3　ラム酒を加えてさらに混ぜる。

4　アーモンドパウダーを加えて混ぜる。

5　**F** を加えて、粉っぽさが少し残っている状態までさらに混ぜる。

6　ざらめ糖と塩を加えて、均一にツヤがでるまで、底からすくうように混ぜ合わせる。

栗のガトーバスクの組み立て

1　1cm の丸口金を付けた絞り袋にバスク生地 350 g を入れ、空気が入らないように絞り入れて平らにならす。

2　側面には 4cm の高さになるように絞り入れ、上を平らにならす。

3　和栗のペーストを中央に絞り入れて平らにならす。

4　平らにならしたところ。

5　栗の渋皮煮を並べる。

6　アーモンドのカスタードを上から絞り入れる。

7　残りのバスク生地を絞り、上面をきれいにならす。

8　卵黄に少量の水、コーヒー液（すべて分量外）を加えて薄めたものをハケで塗り、定規と竹串で模様を入れる。

9　170℃のオーブンで 40 分焼き、160℃に下げて 20〜25 分焼く。中心部分までしっかりと火が通れば焼き上がり。

みかんラッシー

カレーのおとものドリンクとしては
マンゴーラッシーが定番ですが、新しい味を
加えたくて、みかんでつくってみました。
ポイントはみかんを皮ごと使うこと。
濃厚なみかんの味わいに、トッピングした
陳皮のほろ苦さが美味です。

材料	つくりやすい分量

みかん ……………………………………… 5個
A ┌ グラニュー糖 ……… みかんの重量の20%
　└ レモン果汁 ………………… 40〜50g(1個分)
無糖ヨーグルト、牛乳、陳皮 ……………… 各適量

作り方

1 みかん2個はヘタを取り、皮のまま包丁で適
　当な大きさに切る。残り3個は表皮をむいて
　太めの筋は取り、小房に分ける。
2 鍋に1とAを入れて弱火にかけ、果汁がでて
　きたら少し強い中火にして実を潰しながら煮
　る。途中アクがでてくるので取り除く。
3 数分煮たら火を止めて粗熱を取り、ミキサー
　でなめらかなピュレにする。
4 3をグラスに入れ、無糖ヨーグルトと牛乳を
　1：1で割ったものを静かに注ぎ入れる。
5 最後に陳皮を飾って完成。

ホットチョコレート

カカオ分の違うチョコレートを
ブレンドして味に深みをだし、
塩を少し効かせてメリハリを付けました。
オクシモロンオープン当初からある、
人気のホットドリンクです。

材料	1人分

A ┌ 牛乳 …………………………………… 200g
　│ ビターチョコレート ………………… 15g
　│ ミルクチョコレート ………………… 12g
　│ ※チョコレートは「ヴァローナ カラク」「ヴァローナ ラクテ」
　│ を使用。
　└ 塩 …………………………… ひとつまみの半分
生クリーム、カカオニブ …………………… 各適量

下準備

・カカオニブは細かく刻む。
・生クリームを8分立て程度に泡立てる。

作り方

1 Aを小鍋に入れて温め、チョコレートをしっ
　かり溶かす。
2 1をこしながらカップに注ぐ。
3 仕上げに8分立てに泡立てた生クリームをの
　せ、カカオニブを飾る。

コーヒーづくしのパフェ

コーヒーの味を存分に味わっていただける「あまいもの」です。
お店では、コーヒーシリアルを敷いていますが、
ここではココアのクッキーとナッツで代用しています。
グラスの底から大胆に混ぜて、
ひとさじごとに変わる味のハーモニーをお楽しみください。

材料　1人分

A ┌ ココア生地のクッキー (P.28)、
　　※クッキーは市販のものでも可。
　│ アーモンド、
　└ ピーカンナッツ ……………… 各適量
生クリーム (乳脂肪分42%) ……………… 適量
コーヒーアイス (P.42)、
コーヒーゼリー (P.66) ……………… 各適量
ヘーゼルナッツのダコワーズ (P.64) … 2枚

下準備

・生クリームを8分立て程度に泡立てる。

作り方

1　**A**をグラスの底に入れる。
2　コーヒーアイスはディッシャーですくって入れ、コーヒーゼリーは2〜3cm角程度の大きさにカットして入れる。
3　生クリームをのせ、ダコワーズを添える。

スパイスジンジャー
シロップ

力強い生姜の味に、クローブや
カイエンヌペッパーなどのスパイスをプラス。
水や炭酸水で好みの濃度に割ってジンジャードリンクにしたり、ビールに加えるのもおすすめです。

材料　つくりやすい分量

A ┌ 生姜 ……………………………… 300g
　│ シナモンスティック …………… 1本
　│ クローブ ………………………… 3粒
　└ ベイリーフ ……………………… 1枚
カイエンヌペッパー ………………… 2本
カルダモンシード …………………… 3粒
水 ……………………………………… 1000g
三温糖 ………………………………… 450g

下準備

・生姜はきれいに洗って繊維に沿って2〜3mmにスライスしておく。

作り方

1　鍋に**A**を入れる。
2　カイエンヌペッパーを輪切りにし、種も一緒に**1**に入れる。
3　カルダモンシードをハサミでカットして**1**に入れる。
4　水を加えて火にかける。沸騰したら火を弱めて1時間ほど煮る。
5　三温糖を2〜3回に分けて加えて、さらに30分ほど煮詰める。

大島 小都美
（おおしま さとみ）

兵庫県生まれ。夫の転勤を機に上京。同時に以前より趣味であったお菓子づくりを本格的に学び、菓子店にて製菓製造スタッフとして勤務。オクシモロンの前身である間借りカレー店にスタッフとして勤務し始めたことから、2008年オクシモロンオープン時に甘いもののメニュー開発や製造に携わる。「日々アップデート」がモットー。

村上愛子
（むらかみ あいこ）

東京都生まれ。音楽のある環境で育つ。大学卒業後、スパイスの奏でるハーモニーに魅了され、カレー店を開くことを決意。2003年から東京・二子玉川で間借りカレー店を5年間営んだのち、2008年に鎌倉にてオクシモロンをオープン。魂を揺さぶる音楽と幸せをもたらすおいしいものが好き。著書に『鎌倉 OXYMORON のスパイスカレー』（マイナビ刊）がある。

撮影	吉田美湖、中野昭次
デザイン	渡部浩美
撮影協力	小野沙織、服部このみ
企画編集	株式会社童夢

何度でも食べたくなる、飾らない味

OXYMORON のあまいもの
（おくしもろん）

2021年4月19日　発行　　　　　　　　　　　　　　　　　　NDC596

著　者　　大島小都美　村上愛子
　　　　　（おおしまさとみ）（むらかみあいこ）
発行者　　小川雄一
発行所　　株式会社 誠文堂新光社
　　　　　〒113-0033 東京都文京区本郷 3-3-11
　　　　　[編集] 電話 03-5800-3614
　　　　　[販売] 電話 03-5800-5780
　　　　　https://www.seibundo-shinkosha.net/
印刷・製本　図書印刷 株式会社